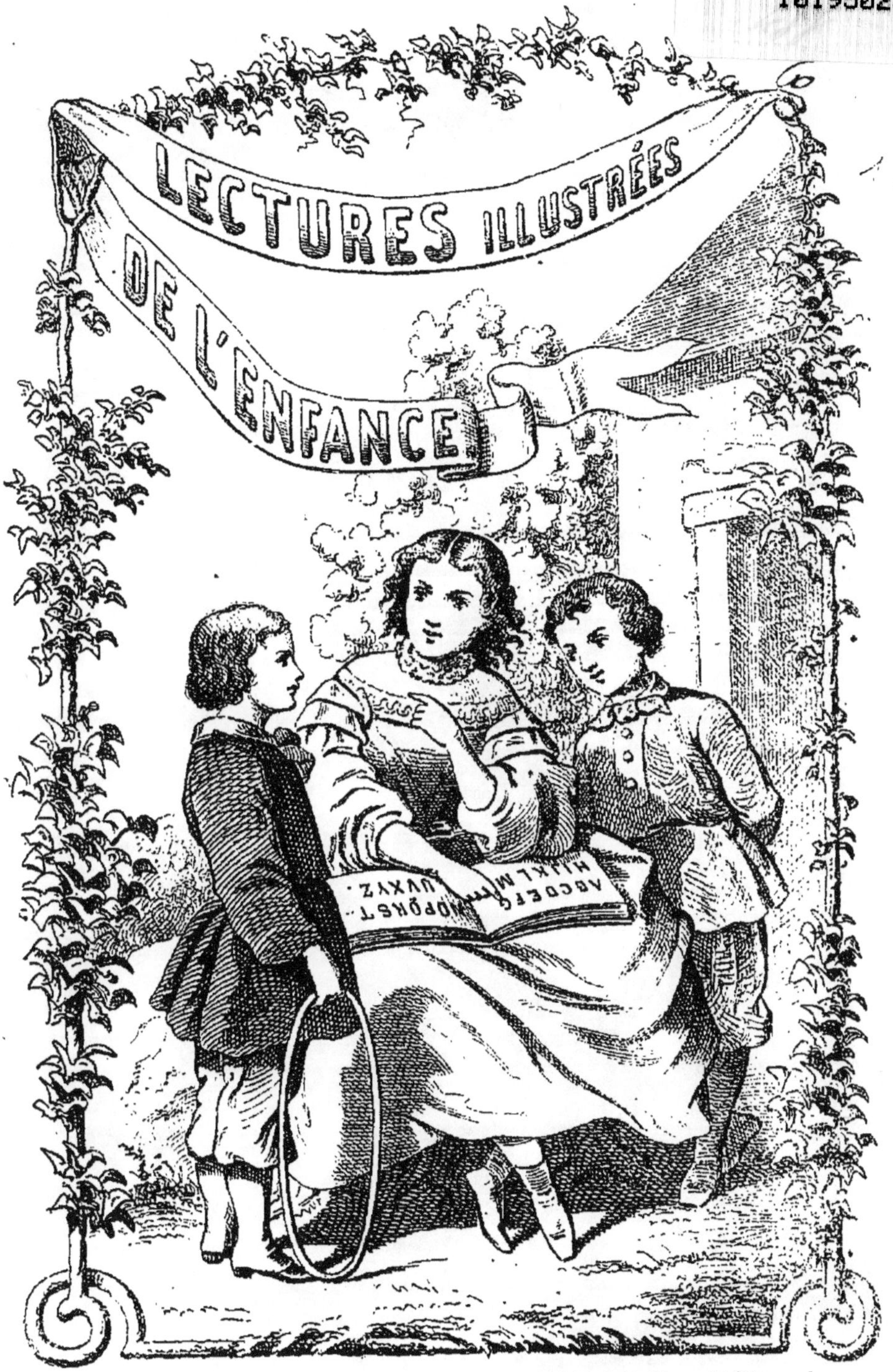

Déposé

Lith. de Fr. Wentzel à Wissembourg

DÉPÔT chez Vve Humbert rue St Jacques 55, PARIS.

Le chat.   Die Katze.
The cat.

Le chien.   Der Hund.
The dog.

1

Lettres majuscules.

A B C D E F
G H I J K L M
N O P Q R S
T U V X Y Z

Lettres minuscules.

a b c d e f g h
i j k l m n o p q
r s t u v x y z

Voyelles: Consonnes:
a e i o u y.   toutes les autres lettres.

Accents:

aigu   grave   circonflexe
 é   è   ê

| 1 || 2 ||| 3 |||| 4

||||| 5 |||||| 6 ||||||| 7

|||||||| 8 ||||||||| 9

10

La chevre. — Die Ziege.
The goat.

Le paon. — Der Pfau.
The pea-coq.

Le canard — Die Ente.
The duck.

Le pigeon — Die Taube.
The dove.

L'ane.   Der Esel.
The ass.

Le cheval.   Das Pferd.
The horse.

Syllabes.

ba	be	bi	bo	bu
ca	ce	ci	co	cu
da	de	di	do	du
fa	fe	fi	fo	fu
ga	ge	gi	go	gu
ha	he	hi	ho	hu
ja	je	ji	jo	ju
ka	ke	ki	ko	ku
la	le	li	lo	lu

ma	me	mi	mo	mu
na	ne	ni	no	nu
pa	pe	pi	po	pu
ra	re	ri	ro	ru
sa	se	si	so	su
ta	te	ti	to	tu
va	ve	vi	vo	vu
xa	xe	xi	xo	xu
za	ze	zi	zo	zu

Le porc.   Das Schwein.
The swine.

La brebis.   Das Schaaf.
The cheep.

Le bœuf.   The ox.   Der Ochs.

La vache.   The cow.   Die Kuh.

EXERCICES.

Bac, bail, baie, bain, cap, cal, car, chair, col, dot, dos, dol, fil, fol, lait, lac, lard, lot, bloc, mat, pas, pie, pot.

Ca-nard, com-bat, gloi-re, dra-peau, hô-tel, mou-lin, jam-be, gol-fe, gre-lot, flam-me, fla-con, lar-me, guer-re, gui-de, plu-me, lu-ne, sau-ce, plai-sir, pi-tié, re-nard, ron-fleur, tam-bour, ma-jor.

Gé-né-ral, cour-ti-san, car-di-nal, at-ten-tion, ta-pa-ge, hô-pi-tal, ar-le-quin, é-clip-se, ra-ma-ge, ci-lis-te, co-mè-te, col-lé-ge, co-lo-nel, fu-mis-te, har-pis-te, lou-a-ble, mé-na-ge, pa-na-che, rep-ti-le, ven-dan-ge, di-man-che, vic-toi-re, sau-va-ge.

Gour-man-di-se, ma-ni-vel-le, af-fir-ma-tion, in-dul-gen-ce, é-co-no-mie, ba-ro-mé-tre, con-trac-dic-tion, in-dul-gen-ce, pro-me-na-de, ca-ta-lo-gue, bien-fai-san-ce, fi-na-le-ment, at-mo-sphè-re, ki-lo-mè-tre.

Cou-ra-geu-se-ment, mé-con-ten-te-ment, gé-o-mé-tri-que-ment, ap-pren-tis-sa-ge, a-mi-cal-le-ment.

Cal-li-gra-phi-que-ment, mi-ra-cu-leu-se-ment, su-per-la-ti-ve-ment, com-pa-ra-ti-ve-ment.

Le dindon.   Der Truthahn.
The Turkey-cock.

Le cycgne.   Der Schwan.
The swan.

Le renard.   Der Fuchs.
The fox.

Le coq.   Der Hahn.
The cock.

LA PRE-MIÈ-RE EN-FAN-CE.

C'est qu-and nous som-mes en-co-re bien jeu-nes, bien jeu-nes que nous de-vons dé-jà ap-pren-dre à o-bé-ir à nos bons pa-rents et aux aut-res per-son-nes qui sont char-gées de nous soi-gner et de uous é-le-ver. Il y a de bon-nes ha-bi-tu-des que nous pou-vons pren-dre dès l'à-ge le plus ten-dre et qui nous res-tent pen-dant tou-te no-tre vie pour no-tre bon-heur; tout com-me nous pou-vons de bon-ne heu-re con-trac-ter des dé-fauts qui peu-vent fai-re le mal-heur de tou-te no-tre vie.

Ain-si, chers pe-tits a-mis, so-yez tou-jours bien o-bé-is-sants aux or-dres et aux con-seils que vous don-nent vos pa-rents ou d'au-tres per-son-nes qui vous ai-ment bien aus-si.

PRIÈRE.

Notre père qui êtes aux cieux, que Votre nom soit sanctifié; que Votre règne arrive; que Votre volonté soit faite sur la terre comme au ciel; donnez-nous aujourd'hui notre pain quotidien; pardonnez-nous nos offenses comme nous pardonnons à ceux qui nous ont offensés; et ne nous laissez point succomber à la tentation, mais délivrez-nous du mal. Ainsi soit-il.

www.ingramcontent.com/pod-product-compliance
Lightning Source LLC
Chambersburg PA
CBHW060630050426
42451CB00012B/2523